ATELIERS DE CONSTRUCTIONS MÉCANIQUES

FOURNIER & LEVET

à GÉNELARD (Saône-et-Loire)

NOTICE EXPLICATIVE

sur

LA DESCRIPTION, L'EMPLOI, L'INSTALLATION ET L'ENTRETIEN

du

BELIER HYDRAULIQUE

Système Fournier & Levet.

ALAIS

Impr., Lith. A. BRUGUEIROLLE, Grand'Rue, 93

—

1882

BÉLIER HYDRAULIQUE

POUR L'ÉLÉVATION DE L'EAU

Système FOURNIER et LEVET

Nous nous proposons de traiter, d'une façon bien détaillée, le fonctionnement de notre bélier hydraulique et de donner la description de ses organes, ainsi que les moyens de le préserver de tous les accidents qui dépendent, le plus souvent, des mauvais soins des personnes qui l'emploient.

Un dessin, à l'appui de cette notice, servira à suivre avec l'indication des lettres sur chaque pièce extérieure. Nous ferons connaître les pièces intérieures, par des explications dans le texte suivant :

Description de l'appareil.

1° *Bassin d'alimentation.*

Il est destiné à fournir l'eau nécessaire au fonctionnement du bélier ; il se trouve en amont et à une distance variable. Ce bassin est un puits rond, muré solidement et garni d'une couche de ciment. Dans l'axe se trouve, sur toute la hauteur, un tamis (dit d'amont) assez fin, pour empêcher à tout corps étranger d'aller au bélier.

2° *Conduite d'arrivée de l'eau.*

Cette conduite est en fonte et sert à amener l'eau dans le corps du bélier (A). En tête de ce tuyau est placée une vanne permettant d'arrêter le bélier et de faire les réparations.

3° *Conduite d'ascension ou de refoulement.*

Cette conduite part du bélier sur la bride (C) et se prolonge jusqu'à la partie la plus élevée où le bélier doit refouler l'eau.

4° *Chambre du bélier.*

Cette chambre est destinée non seulement à garantir le bélier contre la gelée, mais encore à empêcher à quiconque d'y pénétrer.

Une voûte d'écoulement en aval de cette chambre sert à laisser écouler les eaux perdues pendant la marche du bélier ; cette voûte doit être suffisamment grande et garnie d'un tamis (dit d'aval), plus gros que celui d'amont, pour empêcher, non seulement aux poissons, mais encore aux autres animaux d'y pénétrer.

5° *Corps du bélier* (A).

Ce corps est une pièce en fonte en continuité avec la conduite d'arrivée et forme la partie inférieure du bélier ; il se prolonge jusqu'au-dessous de la cloche et porte sur ses côtés la tubulure (C) du tuyau d'ascension et la tubulure (D) de la soupape de sûreté.

Cette pièce est placée sur une maçonnerie solide et est recouverte en partie par du ciment pour la maintenir.

6° *Réservoir d'air* (B).

Ce réservoir se boulonne solidement au corps du bélier (A) et possède sur la demi-sphère un cordon servant à renforcer la fonte. La bride inférieure est dressée de façon à faire joint parfaitement. Sur une certaine hauteur du réservoir se trouve un robinet de jauge permettant de se rendre compte de la hauteur de l'air dans le réservoir. A la partie supérieure du réservoir se trouve un support servant de point d'appui au balancier (N) et d'arrêt au contre-poids (O).

7° Reniflard d'aspiration d'air (F).

Ce reniflard se compose d'un raccord en bronze servant de siège à une soupape, fonctionnant par l'effet de la réaction. Sur ce raccord est fileté un écrou fixant le tuyau d'arrivée d'air qui est plus élevé que le réservoir du bélier, de façon à pouvoir marcher même en temps de crue.

8° Vis de réglage d'introduction d'air (G).

Cette vis, formant fermeture sur un tronconique, sert à régler exactement la quantité d'air à introduire dans le réservoir.

9° Boîte à soupape (H).

Elle est fixée au corps du bélier par trois boulons à deux écrous et serre, dans sa partie inférieure, un disque en bronze formant siège à la soupape d'évacuation.

10° Soupape d'évacuation.

Cette soupape, non visible extérieurement, joue dans la boîte à soupape (H); elle porte une tige qui la relie au moyen d'un écrou, à la tringle (I). Le dessous de la soupape porte une contre-tige qui sert à la guider et à limiter sa course dans la descente.

Sur le pourtour de la soupape, sont pratiqués des ouvertures pour l'évacuation de l'eau.

11° Soupape de refoulement et siège.

Elle est placée à l'intérieur du réservoir d'air. Son siège est solidement fixé à l'extrémité du corps de bélier sur la partie qui se raccorde au réservoir d'air.

12° Ressort réglant la course de la soupape de refoulement.

Il est placé également à l'intérieur du réservoir d'air et est boulonné sur ce dernier; il sert à limiter la course de la soupape tout en activant sa descente. On règle la tension du ressort au moyen d'une vis placée à l'extérieur.

13° *Balancier d'équilibre (N) de la soupape d'évacuation.*

Ce balancier, qui a son articulation sur le support de la partie supérieure du réservoir d'air, sert à équilibrer la soupape d'évacuation de l'eau ; il porte à sa partie supérieure un ressort très mince (M) qui maintient constamment la tringle (I) en traction pour éviter la dislocation. A l'extrémité du levier est venue de fonderie une caisse ronde dans laquelle on peut loger une quantité suffisante de contre-poids en fonte fixés par des boulons ; ce sont ces contrepoids qui font équilibre à la soupape.

14° *Triangle de mise en marche* (K).

Elle sert, au moyen d'un levier (J), à appuyer sur la soupape d'évacuation pour la faire retomber ; le levier est articulé sur un support de la même pièce que la boîte à soupape (H).

15° *Soupape de sûreté* (D).

Cette soupape sert, comme dans une chaudière à vapeur, à laisser échapper l'excès de pression du réservoir d'air. Cette pression est équilibrée par un contre-poids (E) qui a la faculté de glisser sur le levier et qui lève dès que la pression dépasse son degré normal.

Rapport de la hauteur de chûte à celle d'ascension.

Dans cette description du bélier, il sera fréquemment parlé de la chûte et de l'ascension de l'eau, ainsi que du rapport existant entre elles : il suffit, pour obtenir ce rapport, de diviser la hauteur d'ascension par la hauteur de chûte et l'on a ainsi la relation qui existe entre ces deux hauteurs. Si nous avons, par exemple, une chûte de 3 mètres et que nous voulions élever l'eau à 30 mètres, le rapport entre la chûte et l'ascension sera de 30 : 3 = 10 à 1,.

De même pour une chûte de 2 mètres et une hauteur d'ascension de 4 mètres, le rapport sera de 2 à 1.

Conditions à remplir pour maintenir le bon fonctionnement du bélier.

Tamis d'amont et tamis d'aval.

Le tamis d'amont doit être assez fin pour ne laisser passer que l'eau ; il est donc d'une grande importance qu'il ne soit jamais percé et qu'il joigne convenablement contre la maçonnerie afin d'empêcher à tous les corps étrangers de passer.

Quand le puits d'amont n'est pas recouvert par une habitation ou un toit quelconque, il faut y placer une trappe bien jointe afin d'empêcher d'y introduire des bois, pierres, ou détritus quelconques, et pour que les animaux ne puissent y pénétrer.

De temps à autre, on devra nettoyer le tamis d'amont pour ne pas laisser forcer l'eau dessus, car il arriverait un moment où elle finirait par enfoncer le tamis ; ce nettoyage a aussi pour but d'éviter une différence de niveau sur les deux faces du tamis, et par suite, les pertes de charge. La négligence dans l'observation de cette condition essentielle amènerait une dépression dans le niveau d'arrière, l'air s'introduirait dans la conduite d'arrivée et occasionnerait l'arrêt immédiat du bélier. L'eau montée par l'appareil étant proportionnelle à la hauteur de chûte, il est donc de la plus grande utilité de la maintenir le plus haut possible.

On devra apporter les mêmes soins au tamis d'aval formant la fermeture de la chambre du bélier, quoique celui-ci soit moins exposé à être obstrué par les corps étrangers, l'eau ayant déjà passé par celui d'amont ; malgré cela, nous ferons observer qu'il peut s'y arrêter du limon qui peut boucher suffisamment la sortie et faire remonter l'eau dans la chambre du bélier, ce qui occasionnerait une perte de chûte. Il peut se présenter quelques cas où la sortie de l'eau de la chambre se trouvant sur une rivière, les plantes aquatiques viennent aussi obstruer le tamis.

Le tamis d'aval a pour but d'empêcher aux poissons, grenouilles, etc. de pénétrer dans la chambre du bélier.

Ce que nous venons de dire relativement aux tamis prouve que nous apportons une grande importance à la propreté de l'eau servant à faire fonctionner le bélier.

Il suffirait d'une petite branche, d'un poisson, se plaçant entre le siège et la soupape pour empêcher l'effet de réaction d'avoir lieu et par suite entrainer l'arrêt du bélier.

Les tamis étant dans les conditions indiquées, il suffira pour que l'eau parvienne propre au bélier, d'éviter que les sables arrivent à la soupape ; pour cela, il faut, autant que possible, que le puits d'amont soit suffisamment grand pour que le courant n'y soit pas fort, et qu'il soit plus profond que la conduite d'arrivée ; il faut également que la voûte d'écoulement ne soit pas aussi profonde que la rivière, ou le cours d'eau, dans lequel elle se jette.

L'eau doit être assez élevée dans la chambre du bélier, pour noyer la soupape d'évacuation et venir à hauteur du siège (H) ; pour obtenir ce niveau, il suffit de faire un petit barrage en aval, avec une planche de chêne à l'avant du tamis, laquelle planche pourra s'enlever à volonté pour vider la chambre du bélier.

Le tuyau de prise d'air se trouve très élevé pour permettre de marcher en temps de crue ; malgré cela, si l'eau montait jusqu'à la vis de réglage (G) il faudrait arrêter le bélier.

Reniflard d'aspiration d'air.

Le réservoir d'air (B) doit, en temps ordinaire, contenir de l'air jusqu'au robinet de jauge (L).

L'air étant très compressible, il arrive que la première fois que l'on met en marche le bélier, l'air contenu à l'intérieur de la cloche se trouvant à la pression atmosphérique, il en résulte qu'à mesure que l'eau monte dans la conduite, le volume d'air diminue dans le réservoir sous la charge de l'eau, dans les proportions suivantes et la pression de l'air dans la cloche augmente inversement à la diminution de son volume. Ainsi l'eau étant élevée à 10 mètres de hauteur, le volume de l'air dans la cloche sera diminué de moitié et la pression de cet air qui était nulle se trouve montée à un kilo par centimètre carré de surface. Si l'on élève l'eau à 30 mètres, la pression de l'air dans le réservoir sera de trois kilos ; à 40 mètres : quatre kilos, etc.

Le bélier, qui remonte l'eau à une très grande hauteur, subit un manque d'air au moment de la mise en marche, par suite de la diminution instantanée du rapport du volume d'air du réservoir à celui de l'eau en charge, il arrive même qu'à ce moment la pression dans la cloche devient considérable.

Supposons que le volume d'air soit réduit à 2 litres et que le refoulement de l'eau soit de 1 litre par coup de bélier, il en résultera que si l'air dans le réservoir se trouve sous la pression de 4 kilos par centimètre carré, après le coup de bélier, cette pression se trouvera montée à 8 kilos, pression bien trop forte. Il est bon de remarquer qu'avec un volume d'air encore moins grand, on obtiendrait une pression bien plus forte qui arriverait à briser le réservoir d'air, ou à arracher les boulons qui le fixent à sa base : ce cas d'excès de pression ne peut se produire que d'autant que la colonne de refoulement est d'une grande longueur.

Il es. donc d'une grande utilité que le reniflard d'aspiration d'air fonctionne très bien et aussitôt la mise en marche.

On ouvre d'abord complètement l'ouverture du tuyau 'G) jusqu'au moment où, en ouvrant le robinet de jauge 'L , on s'aperçoit qu'il sort de l'air au lieu de l'eau ; c'est à ce moment alors qu'il faut fermer l'ouverture d'entrée d'air, moins la hauteur d'un filet de la vis ; au bout de quelques jours si l'air ne sort plus par le robinet de jauge, on augmente légèrement l'arrivée d'air dans le tuyau, en dévissant encore la vis d'un filet.

Il peut arriver aussi, les premiers jours de la mise en marche, que du sable, du ciment ou tout autre corps étranger obstrue une partie de la soupape placée dans le raccord 'F ; pour s'assurer de la propreté de cet organe, il faut dévisser l'écrou qui fixe le tuyau d'aspiration d'air, ainsi que le raccord faisant butée à la soupape. Le tout se remonte avec une très grande facilité ; il faut avoir soin, au remontage, de placer le cuir à chaque joint pour en assurer la fermeture hermétique. On voit que la soupape ne ferme pas bien lorsqu'il sort de l'eau par l'entrée de l'air 'G) qui ne doit laisser passage qu'à l'air devant alimenter le réservoir.

Balancier d'équilibre 'N) et tringle 'I .

La surveillance de ces pièces est de peu d'importance ; elles ont besoin d'être décrites pour en faire connaître les points qui pourraient manquer.

Le service que rend le balancier est indispensa-

ble pour avoir un appareil produisant de grands
efforts sous un petit volume ; ce résultat est obtenu
en donnant une grande section de sortie à l'eau
et par suite une grande vitesse à l'eau dans la conduite d'arrivée.

La longueur de l'articulation du balancier, à son
extrémité, est très grande, afin d'éviter la courbe
dans le mouvement de descente de la tringle (1).

A l'extrémité du balancier se trouve une cavité
destinée à recevoir des contre-poids en fonte pour
équilibrer la soupape.

En augmentant le nombre des contre-poids, le bélier bat avec plus de rapidité, mais alors il dépense
moins d'eau et la force vive est moins grande pour
faire ouvrir la soupape d'ascension ; il est donc très
utile de limiter la vitesse de battement du bélier
et de lui donner une bonne moyenne ; s'il arrivait
que l'on charge par trop le balancier à son extrémité, l'effet de réaction ne se produirait pas par l'in-
suffisance de puissance.

Ce balancier sert simplement à soulever la soupape que le courant de la conduite d'arrivée ne
pourrait enlever. Le contre-poids soulève la soupape pendant les 4/5e de sa course ; à ce moment,
l'extrémité du balancier bute sur son support ; le
reste de la course pour la fermeture de la soupape
est obtenu par l'effet de la force vive du courant
de l'eau.

A l'extrémité du support d'articulation du balancier, se trouve une petite cavité dans laquelle est
introduit un morceau de bois destiné à faire butée
au balancier et à en amortir le choc. Ce morceau
de bois peut durer plusieurs années et se remplace
sans difficulté.

Le reste du trajet de la soupape, c'est-à-dire le
1/5e non obtenu par le contre-poids, mais par la
force vive, se trouve légèrement activé ou plutôt

soulagé par le ressort (M) qui a pour but de donner constamment du tirage à la tringle (I) et d'éviter par suite la dislocation de cette pièce. Un morceau de bois est placé sous le ressort à l'aplomb de la tringle (I) pour éviter des chocs du métal. Après plusieurs années, ce bois se trouve tellement comprimé, que l'on est obligé de le remplacer.

Lorsque la soupape d'évacuation est fermée et que l'effet de réaction se produit, la tringle, toujours tendue et entraînée par la soupape, fait fléchir le ressort qui arrive à buter sur l'extrémité du balancier, lequel suit le mouvement en soulevant les contre-poids.

La tringle porte à son extrémité un écrou en bronze qui la relie à la soupape d'évacuation ; cet écrou doit être tenu constamment serré à bloc afin d'éviter le matage de la pièce ; puis pour prévenir tout desserrage éventuel, on place, à moitié de la hauteur de l'écrou, une goupille qui doit être très-juste au trou.

A sa partie supérieure la tringle possède une fourchette qui embrasse le balancier à son extrémité. Cette fourchette est maintenue après la tringle au moyen de doubles écrous qu'il faut avoir bien soin de tenir constamment serrés ; ces écrous servent à limiter la course du balancier dans sa descente afin que lorsque la soupape d'évacuation se ferme, les contre-poids butent avant que la soupape ne soit arrivée à l'extrémité de sa course. Cette avance varie suivant les numéros de bélier : elle est de 15 millimètres pour les gros numéros et de 8 à 10 millimètres pour les petits.

Lorsque le palier du balancier est usé, ce qui n'arrive qu'après un grand nombre d'années de marche, on place, à l'endroit usé, un morceau de fer en queue d'aronde et l'on fixe cette plaque au moyen de deux goujons rivés dans le support.

Pour que la soupape d'évacuation fonctionne très bien, il est de toute nécessité qu'elle soit placée bien de niveau et que la tringle, servant à la soulever, arrive juste à l'aplomb de son centre. On doit pouvoir la faire fonctionner très-librement à la main et même avec un peu de jeu.

La mise en place de la tringle ayant été convenablement exécutée dans nos ateliers, il peut arriver que pendant le transport, soit par négligence ou par accident, cette tringle se trouve faussée ; on devra donc, avant de faire le montage, s'assurer que cette tringle arrive bien à l'aplomb du centre de la soupape et de l'axe du balancier ; il suffit, à cet effet, de sortir la fourchette du balancier et de la serrer fortement sur la tige, puis l'on fait tourner la soupape sur ses quatre faces pour voir si dans ces positions la tige ou tringle est toujours dans l'axe du balancier. Cette opération terminée avec succès, on peut remonter l'appareil en ayant toujours soin de suivre ce qui a été dit plus haut pour les écrous de la tringle [1].

Corps du bélier et conduite d'ascension.

Il a déjà été dit plus haut, qu'il faut absolument que le corps du bélier soit, jusqu'au niveau du siège de la soupape d'évacuation, constamment plein d'eau et totalement privé d'air.

L'air est nuisible dans le corps du bélier pour deux raisons :

1º La force vive du courant d'eau rencontrant un matelas d'air s'amortira suffisamment pour ne donner qu'une faible quantité d'eau.

2º L'effet de réaction qui se produit par la succion n'ouvrira que difficilement la soupape et même pas du tout.

Le tamis d'amont, obstrué suffisamment est une cause facilitant l'entrée de l'air dans le corps du bélier, car alors le niveau de l'eau diminue et laisse entrer de l'air par la conduite d'arrivée ; on peut voir s'accomplir ce fait là, la conduite étant de 0,40 centimètres en contre-bas du niveau de l'eau.

Lorsque le bélier est en marche, il se produit à chaque coup, dans la conduite d'arrivée, une succion ou effet pneumatique qui peut, dans certains cas, produire des dégats dans la conduite, et nuire à la marche du bélier. En effet, si la conduite d'arrivée est en fonte, qu'il y ait une soufflure, un joint mal fait, l'air peut y pénétrer et quelque fois de la terre, du sable, qui peut être nuisible à la bonne marche de l'appareil. Il est donc indispensable, après la pose de la conduite d'arrivée, d'en faire une épreuve sérieuse au moyen d'une pompe hydraulique.

Dans la pose des conduites d'arrivée d'eau, après y avoir apporté tous nos soins, nous coulons une couche de ciment d'environ 10 centimètres, autour de chaque joint, pour en assurer la parfaite fermeture ; une conduite établie dans ces conditions ne peut moins faire que de donner de bons résultats.

Les conduites d'ascension s'établissent de différentes façons, suivant les chûtes : ainsi, pour une faible chûte, on peut, sans inconvénient, mettre des tuyaux en gré, à partir d'une dizaine de mètres du bélier. Quant aux grandes chûtes, on doit mettre des tuyaux en fonte et même recouvrir les joints avec du ciment. Dans tous les cas, l'épreuve de la conduite est indispensable, à une pression d'au moins 1 kilo de plus qu'elle ne doit réellement supporter.

Il peut arriver que par un tassement des terrains, un tuyau se coupe par son milieu : on remédie à cet accident en plaçant sur la cassure une couche de gomme parc, solidement maintenue par un colier en fer fixé au tuyau.

Soupape d'évacuation et son siège.
Soupape de refoulement intérieure.

Il faut, tout d'abord, s'assurer du bon fonctionnement de la soupape d'évacuation.

Au montage, des débris de ciment, de pierre, de bois ou de plomb peuvent s'introduire vers la soupape et en gêner le jeu, ceci ne peut guère se produire que les premiers jours; on peut y remédier au montage en veillant à ce qu'il ne reste aucun corps étranger dans le puits et dans la conduite d'arrivée.

Lorsque l'on veut s'assurer de la fermeture de la soupape d'évacuation, on ferme cette soupape, puis on laisse arriver l'eau dans le bélier en maintenant toujours la soupape fermée : si l'eau ne sort pas par la soupape, on peut être certain que l'effet de réaction se produira bien et que la marche sera bonne.

L'ouverture la plus grande que puisse donner la soupape au passage de l'eau est la hauteur de ses orifices. On peut modifier cette hauteur en diminuant la course de la soupape; à cet effet, il faut ajouter en dessous du guide inférieur de la soupape des rondelles de cuir sec, pour en diminuer la course, et en enlever pour l'augmenter. Mais si l'on diminue la course, on diminue la dépense d'eau, et par suite, la quantité d'eau élevée; il faut donc le plus possible laisser le bélier dans les conditions qu'il a été livré.

Lorsque l'on veut dépenser beaucoup d'eau, on enlève des contre-poids du balancier progressivement; par ce moyen, les coups seront moins fréquents, les chocs plus violents et l'eau n'arrivera plus régulièrement à sa sortie.

Du reste, pour chaque installation, nous donnons le nombre de battements du bélier, par minute, de façon à avoir le plus grand rendement possible.

Il sera bon, de temps en temps, de s'assurer si les écrous doubles qui maintiennent le siège en place sont bien serrés, car il arriverait, au cas contraire, que ces écrous s'imprimeraient dans le siège, grâce au jeu, jusqu'à ce que les fuites, provenant de l'usure, causée par les écrous, soient assez grandes pour arrêter la marche du bélier.

Il faut avoir soin de ne jamais changer les écrous de place au remontage.

Il est nécessaire d'enduire les filets de tous les goujons, boulons et vis du bélier, de blanc de céruse ; par ce moyen, après vingt ans d'usage, on peut les desserrer sans difficulté, l'acquisition d'une boîte de blanc de céruse est indispensable, on devra la conserver à l'humidité dans la chambre du bélier.

Le joint du siège de la soupape d'évacuation se fait en plaçant dans la cavité ménagée à cet effet, une rondelle en cuir, d'une épaisseur très uniforme, puis on serre les boulons progressivement de façon à ne pas incliner le siège plus d'un côté que de l'autre, car dans ce cas il arriverait que la soupape n'étant plus guidée d'aplomb forcerait sur les parois du siège et son mouvement ne pourrait avoir lieu ; c'est pour ces raisons que nous recommandons d'apporter beaucoup de soins dans le serrage des écrous, et de faire manœuvrer la soupape à la main pour voir si rien ne l'empêche de fonctionner.

La soupape intérieure de refoulement n'a pas besoin d'être visitée ; si toutefois cela devenait indispensable, on serait obligé d'enlever le réservoir d'air et la soupape deviendrait accessible.

Le joint du siège de la soupape est en cuir mince et d'égale épaisseur; on ne devra pas, en serrant les écrous du siège, donner plus de serrage à l'un qu'à l'autre, afin d'éviter la torsion. Pour bien se rendre compte de l'adhérence de la soupape sur le siège il suffit de mettre un peu de minium sur la partie de la soupape s'appliquant sur le siège, puis de la mettre en contact avec le siège, c'est-à-dire de la fermer ; si le minium s'imprime sur toute la surface du siège en rapport avec la soupape, il n'y a rien à toucher; dans le cas contraire, on devra chercher à la faire porter parfaitement.

Si, après un certain nombre d'années de fonctionnement, on s'aperçoit que le bélier élève moins d'eau à la même hauteur et avec la même chûte, on devra visiter cette soupape pour se rendre compte de son état et voir si elle n'a pas besoin d'être remplacée ; cette déviation dans la marche ne se fait sentir que dans les béliers marchant sous de grandes chûtes. Les soupapes et les sièges de nos béliers sont faits en bronze dur afin d'éviter l'oxidation et permettre de les remplacer facilement.

Le ressort placé intérieurement du réservoir d'air a pour but de limiter la course de la soupape et d'en activer la descente ou fermeture.

Dans les béliers fonctionnant sous une chûte d'un petit rapport avec la hauteur d'ascension, soit par exemple de 2 à 1, le ressort, pour un grand bélier, sera placé à 15 millimètres de la soupape, et dans un petit à 5 millimètres environ, tandis que pour les chûtes ayant un très grand rapport avec l'élévation, on devra presque faire toucher le ressort à la soupape.

Observations générales sur la mise en marche.

La plupart des béliers hydrauliques ont leur conduite d'arrivée d'eau plus élevée au départ qu'à l'arrivée; d'autres ont leurs tuyaux horizontaux, et enfin chez d'autres, la conduite est plus élevée à l'arrivée qu'au départ.

Quand on voudra mettre en marche un bélier dont

la conduite est plus élevée au départ qu'à l'arrivée
on fermera la soupape d'évacuation pendant un ins
tant de façon à laisser purger l'air des conduites e
à laisser monter l'eau dans la conduite de refoule
ment à hauteur du niveau d'amont de la prise d'eau
puis on le mettra en marche. Si, au contraire, l
prise d'eau est plus basse au départ qu'à l'arrivée
on maintiendra la soupape d'évacuation ouverte
pendant un certain temps, de façon à y laisser pas
ser un flot d'eau qui enlèvera la plus grande quan
tité d'air nuisible à la marche du bélier.

Pour mettre un bélier en marche, il faut le faire
fonctionner à la main au moyen du levier (K), avec
lequel on fait retomber la soupape jusqu'au mo
ment où l'eau est arrivée à une hauteur suffisante
dans la conduite de refoulement pour que la réac
tion aie lieu et fasse retomber la soupape.

Le bélier hydraulique est un appareil fonctionnant
sous l'effet de l'action et de la réaction.

En voici la raison :

L'eau d'alimentation, arrivant sous une pression
quelconque, acquiert dans son parcours une vitesse
variable qui est une force vive.

La soupape d'évacuation étant ouverte, elle laisse
un libre passage à l'eau qui acquiert la vitesse dont
nous venons de parler. Par l'effet de cette vitesse,
l'eau soulève la soupape d'évacuation, la ferme et
le passage se trouve instantanément fermé : cet
arrêt de l'écoulement brusque s'appelle l'*action*
ou le *coup de bélier*.

L'eau ne trouvant plus d'issue pour s'échapper,
continue sa marche en raison de sa vitessse, fait
ouvrir la soupape de refoulement et entre dans la
cloche en comprimant l'air qui y est enfermé jus
qu'au moment où la pression de l'air dans la cloche
arrive à équilibrer la pression de l'eau. A ce moment,
la pression de l'air contenu dans la cloche, fait fer-

mer la soupape de refoulement et l'eau de la conduite, rencontrant un obstacle contre la soupape
fermée, remonte dans la conduite en faisant le vide
derrière elle, pendant un espace de temps égal à
celui qu'a mis la soupape de refoulement à se fermer. Ce retour de l'eau sur elle-même est ce que
l'on appelle la réaction.

Par l'effet du vide produit par l'eau, en dessous
de la soupape d'évacuation, cette dernière retombe,
et l'eau, retrouvant un passage libre, vient recom-
mencer son jeu.

L'effet de réaction ne peut se produire que d'autant que l'air du réservoir sera déjà comprimé,
c'est-à-dire que l'eau sera à hauteur d'ascension
dans la colonne de refoulement, ce que l'on obtient
au début en faisant fonctionner l'appareil à la
main.

CONCLUSION

Nous nous sommes appliqués à exposer tous les détails de notre bélier hydraulique afin de prévenir tous les accidents qui pourraient survenir par suite du manque d'expérience des personnes qui l'emploient.

Nous devons avouer, toutefois, qu'il est rare de voir se présenter la centième partie des cas que nous avons exposés plus loin et il nous a suffi de croire qu'il soit possible de se trouver en présence de l'un d'eux pour nous amener à donner les moyens d'y remédier.

L'entretien de cet outil consiste à tenir les tamis très-propres, les écrous serrés, l'eau dans la chambre du bélier au niveau du siège de la soupape d'évacuation, le bassin d'alimentation toujours bien clos et à veiller que l'aspiration de l'air se fasse toujours bien par le reniflard.

Avec cela, vous aurez, comme nous l'indiquent nos attestations : propreté, utilité et agrément dans l'emploi de notre bélier hydraulique.

FOURNIER et LEVET.

Calculs pour l'établissement d'un bélier hydraulique

Données
$\begin{cases} H' = \text{hauteur de chûte.} \\ H = \text{hauteur d'ascension.} \\ S' = \text{Débit du cours d'eau par seconde.} \end{cases}$

FORMULES

Volume élevé par seconde = (S).

Rapport du volume élevé au volume dépensé..........

$$\frac{S}{S'} = 0.258 \frac{H'}{H} \sqrt{12.8 - \frac{H}{H'}}$$